ぴよぴよピアノ 1

ぴよぴよゲームつき

遠藤 蓉子・著　サーベル社

は　じ　め　に

　本書は、小さい子が初めてピアノを習う時に、楽しく進んでいけるようにと考えて作られたテキストです。とても小さい頃からピアノを始める場合、最初は右手のみの場合が多いのですが、本書は小さい子でもわかる方法で、早い段階から右手と左手をトレーニングすることを目的としています。

　4・5才程度においては、本格的なレッスンに入る前に、少し指と音符のトレーニングが必要です。これまでは、しばらくの間右手のみで導入することが多かったのですが、理解力とは別に身体能力の発達のことを考えた場合、早い段階から左手も動かした方が良いかと思われます。本書は、とても大きな音符で小さい子でもわかりやすいように書かれています。先生と一緒に歌いながら、楽しくピアノを弾いてください。対応ワークブックとして「ぴよぴよワークブック」が発売されていますので、併用するとなお効果的です。

　本書が子供たちとピアノのすばらしい出会いのための一助になれば幸いです。

2017年4月

遠　藤　蓉　子

も く じ

レッスン1　ちゅうりっぷ（うたとリズム）……… 4
どとれのおけいこ ……………………………………… 5
いちごとバナナ ………………………………………… 6
ぴよぴよゲーム ………………………………………… 7
ぶらんこ ………………………………………………… 8
となりのこいぬ ………………………………………… 9
レッスン2　メリーさんのひつじ（うたとリズム）… 10
みのおけいこ …………………………………………… 11
どんぐりやま …………………………………………… 12
ぴよぴよゲーム ………………………………………… 13
おはようのうた ………………………………………… 14
うさぎのおやこ ………………………………………… 15
おにぎり ………………………………………………… 16
レッスン3　きらきらぼし（うたとリズム）……… 17
5せんのおけいこ ……………………………………… 18
ぴよぴよゲーム ………………………………………… 19
くだものやさん ………………………………………… 20
ぴよこがぴよぴよ ……………………………………… 21
あくしゅをしよう ……………………………………… 22
おおきなあしあと ……………………………………… 23
レッスン4　いとまき（うたとリズム）…………… 24
ひだりてのどとしのおけいこ ………………………… 25
あおいうみ ……………………………………………… 26
コアラのあかちゃん …………………………………… 27
オレンジジュース ……………………………………… 28
あめのおどり …………………………………………… 29

おてがみ ………………………………………………… 30
にじ ……………………………………………………… 31
レッスン5　ごんべさんのあかちゃん（うたとリズム）… 32
5せんのおけいこ ……………………………………… 33
ぴよぴよゲーム ………………………………………… 34
たいこのひびき ………………………………………… 35
つきがでた ……………………………………………… 36
たからもの ……………………………………………… 37
あさがお ………………………………………………… 38
ぽんぽこだぬき ………………………………………… 39
レッスン6　あかいとりことり（うたとリズム）… 40
ひだりてのらのおけいこ ……………………………… 41
えんとつくん …………………………………………… 42
ぴよぴよゲーム ………………………………………… 43
トマト …………………………………………………… 44
かめさん ………………………………………………… 45
まど ……………………………………………………… 46
おせんべ ………………………………………………… 47
レッスン7　あめふりくまのこ（うたとリズム）… 48
5せんのおけいこ ……………………………………… 49
ぴよぴよゲーム ………………………………………… 50
ドーナツ ………………………………………………… 51
プールへいこう ………………………………………… 52
すずめ …………………………………………………… 53
こんぶ …………………………………………………… 54
でんしゃ ………………………………………………… 55

レッスン1　ちゅうりっぷ　（おうたにあわせてリズムをうちましょう）

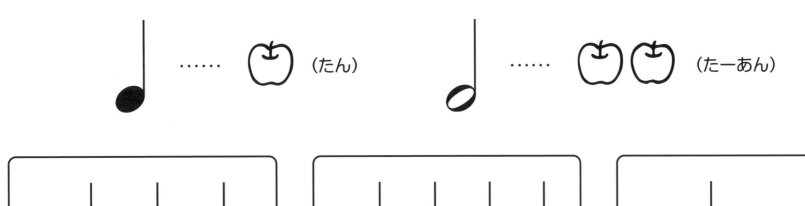

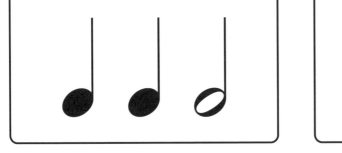 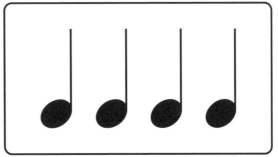 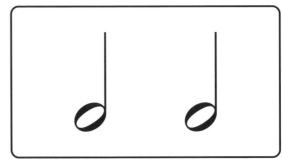

さいた　さいた　ちゅうりっぷのはなが

ならんだ　ならんだ　あかしろ　きいろ

どのはなみても　きれいだな

近藤宮子　作詞
井上武士　作曲

◎四分音符と二分音符を覚えましょう。それぞれのカードのリズムを打ちながら、歌いましょう。

どのおけいこ

れのおけいこ

どとれのおけいこ

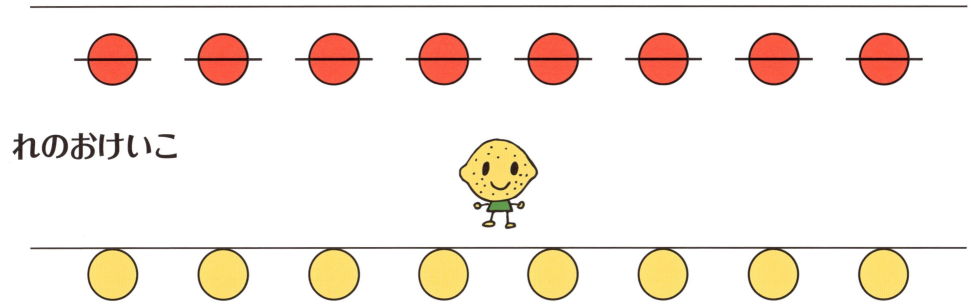

◎右手で弾きましょう。声に出して音符を読みながら弾きましょう。

いちごとバナナ

詞・曲　遠藤蓉子

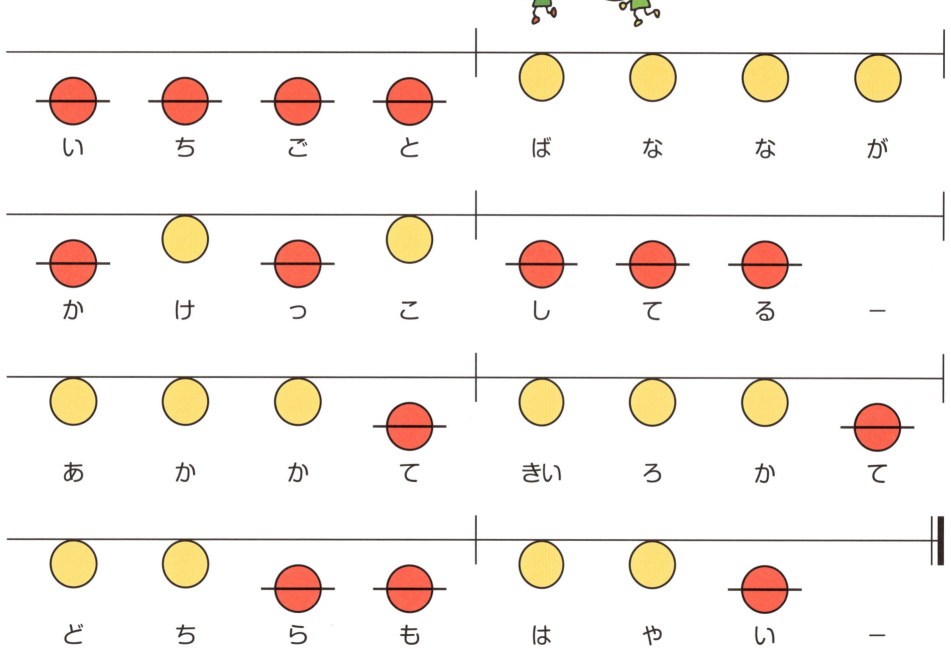

ぴよぴよゲーム

◎先生が指示した音を読んだり、ピアノで弾いたりしましょう。十分に練習して、すぐに音符がわかるようにしましょう。

ぶらんこ

詞・曲 遠藤蓉子

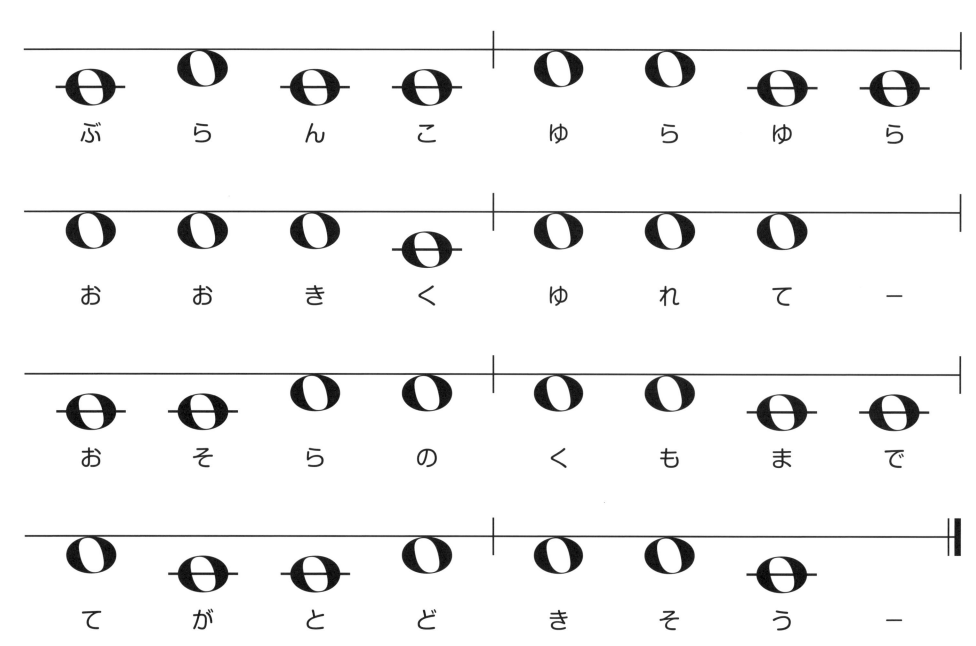

となりのこいぬ

詞・曲 遠藤蓉子

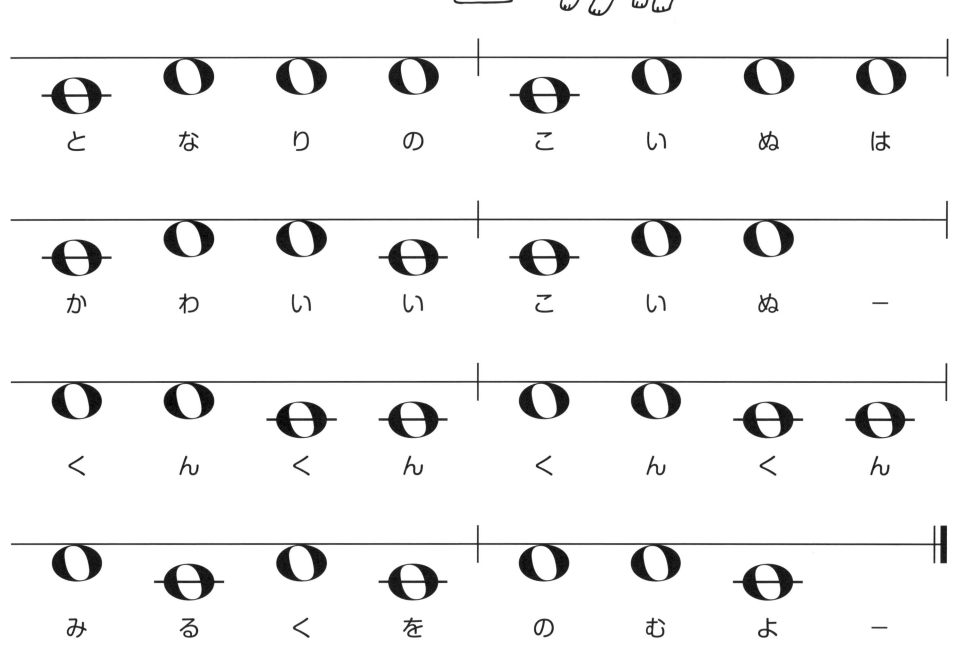

レッスン2　メリーさんのひつじ　（おうたにあわせてリズムをうちましょう）

高田三九三　作詞
アメリカ民謡

みのおけいこ

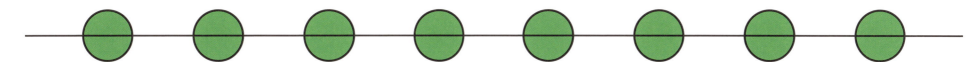

どれみのおけいこ

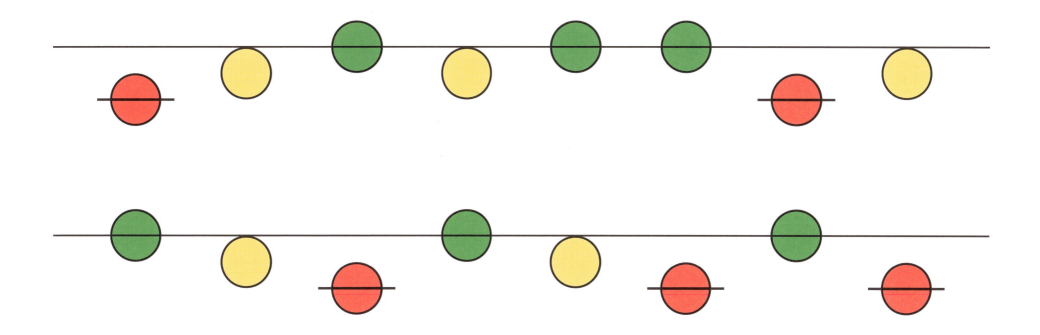

どんぐりやま

詞・曲　遠藤蓉子

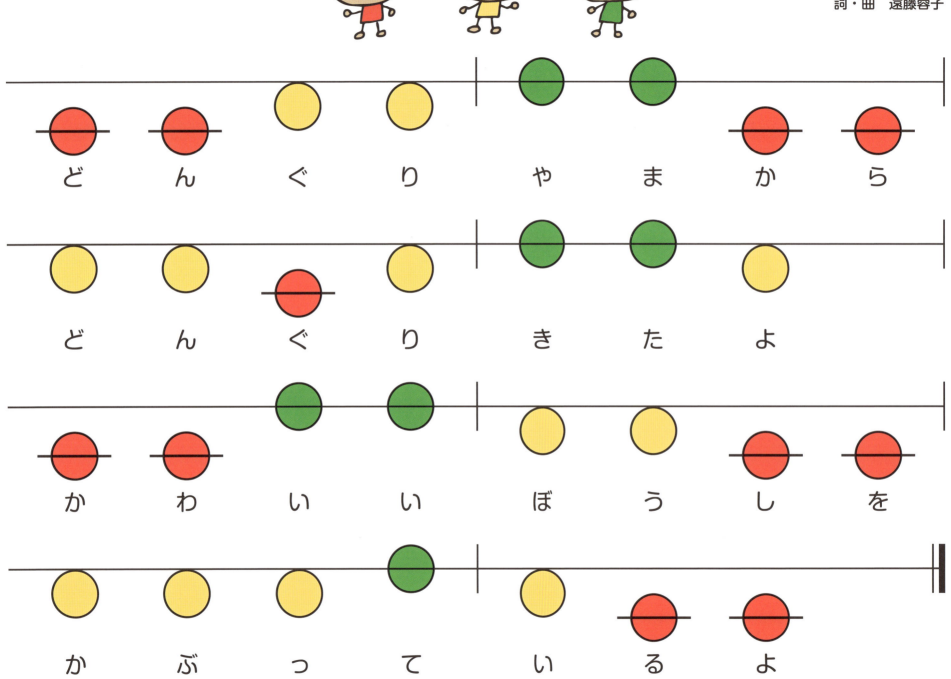

ぴよぴよゲーム

おはようのうた

詞・曲　遠藤蓉子

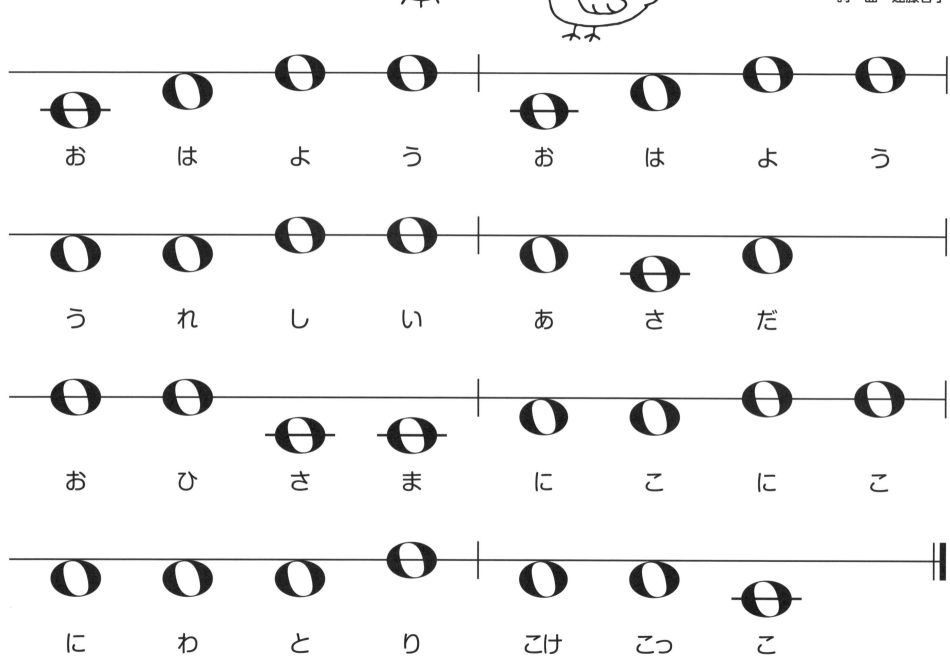

うさぎのおやこ

詞・曲　遠藤蓉子

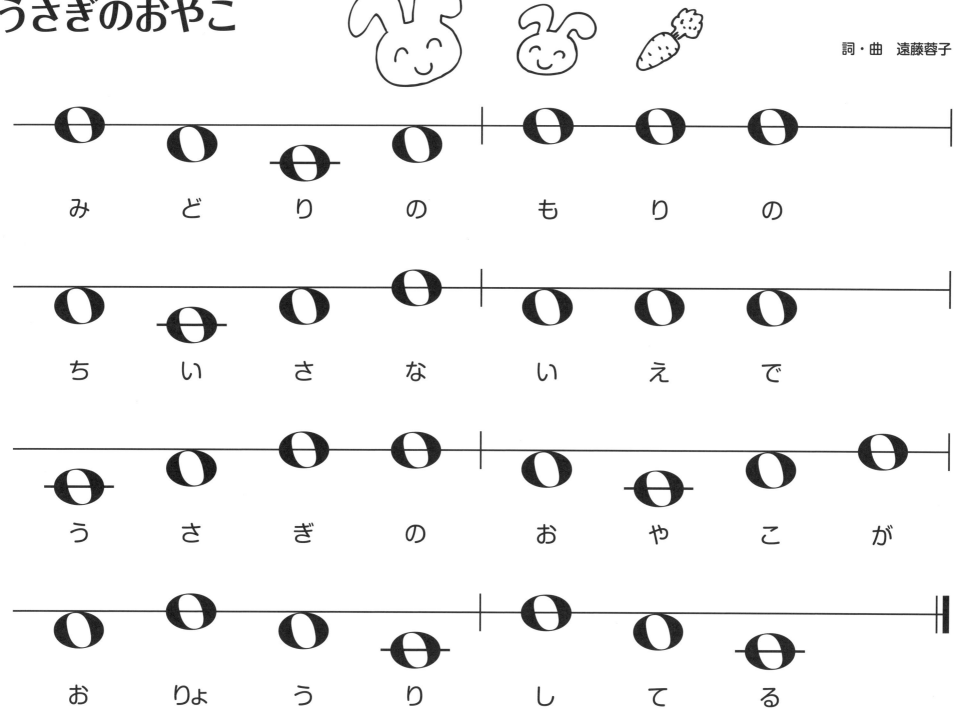

おにぎり

詞・曲　遠藤蓉子

さんかく　おにぎり

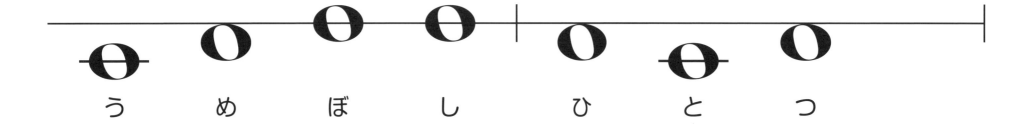
うめぼし　ひとつ

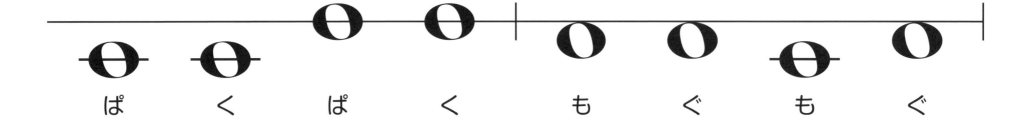
ぱくぱく　もぐもぐ

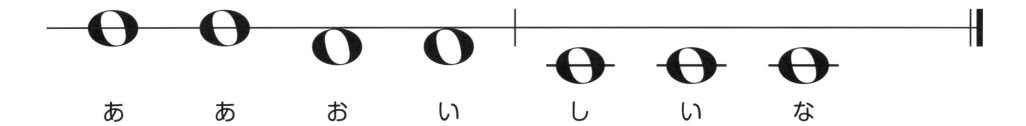
あああおい　しいな

レッスン3　きらきらぼし　（おうたをうたいながらリズムをうちましょう）

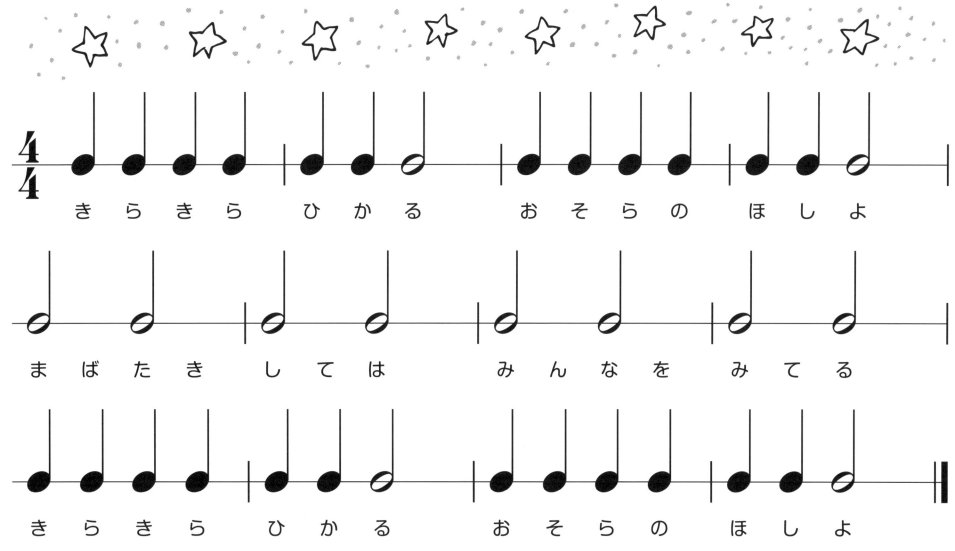

武鹿悦子　作詞
フランス民謡

5せんのおけいこ

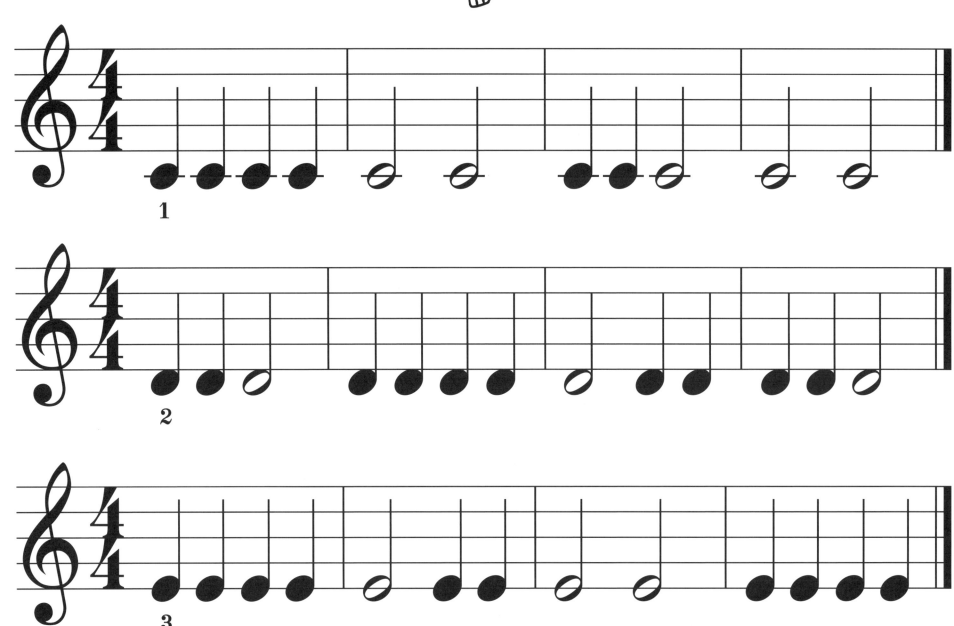

◎ここからは五線になります。リズムを打ちながら音符を読んでから弾きましょう。

ぴよぴよゲーム

くだものやさん

詞・曲　遠藤蓉子

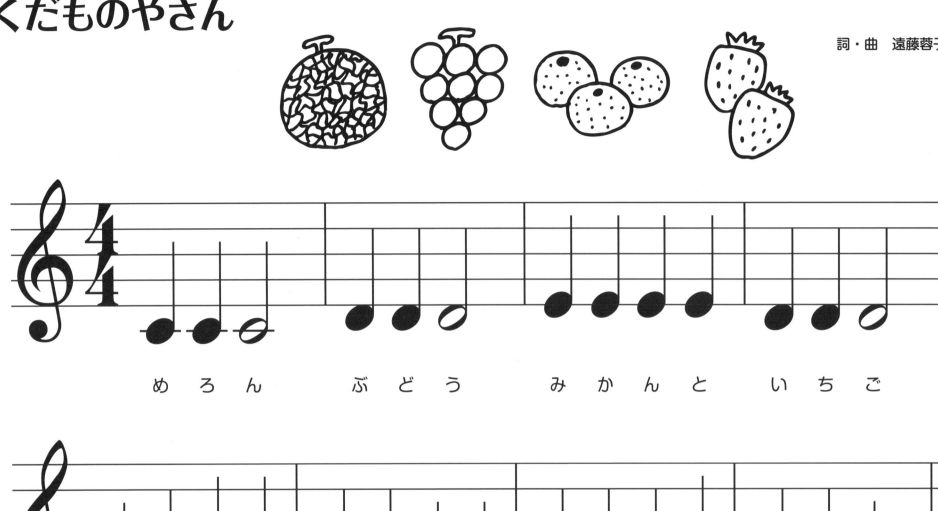

めろん　ぶどう　みかんと　いちご

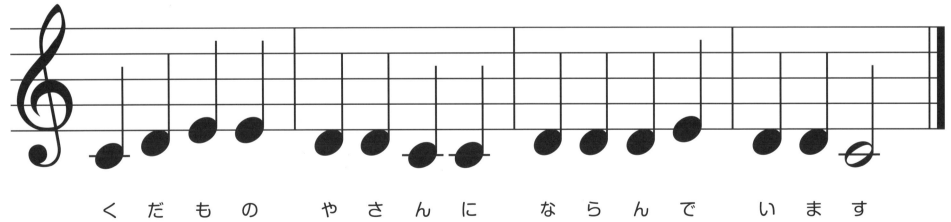

くだもの やさんに ならんで います

ひよこがぴよぴよ

詞・曲 遠藤蓉子

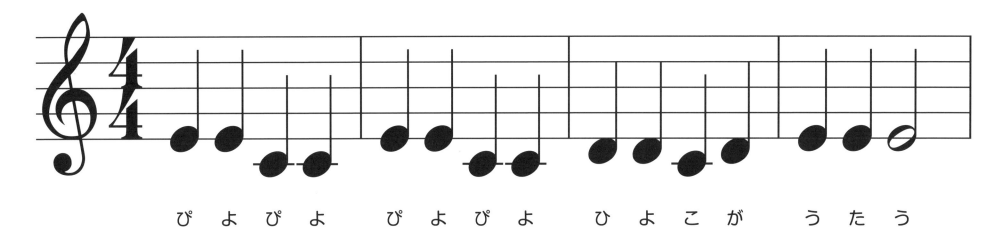

ぴよぴよ　ぴよぴよ　ひよこが　うたう

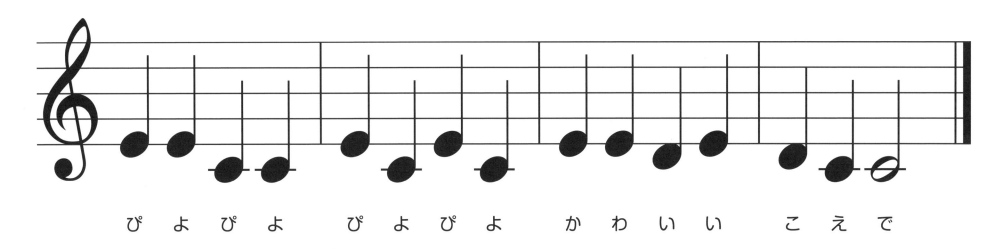

ぴよぴよ　ぴよぴよ　かわいい　こえで

あくしゅをしよう

詞・曲　遠藤蓉子

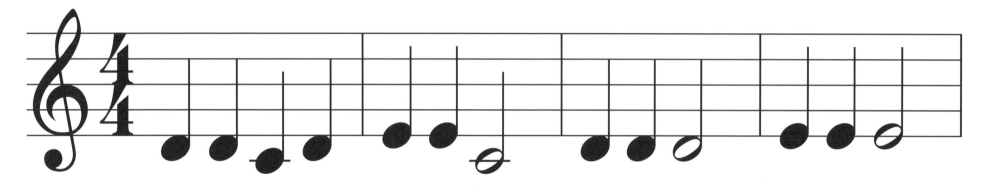

あ　く　しゅ　を　　し　ょ　う　　　ぎゅ ぎゅ ぎゅ　　ぎゅ ぎゅ ぎゅ

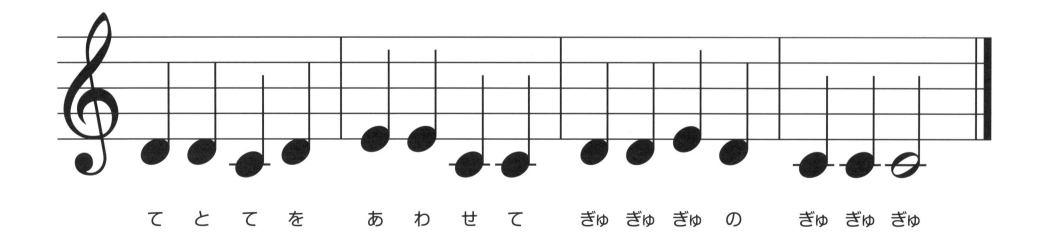

て　と　て　を　　あ　わ　せ　て　　ぎゅ ぎゅ ぎゅ の　　ぎゅ ぎゅ ぎゅ

おおきなあしあと

詞・曲　遠藤蓉子

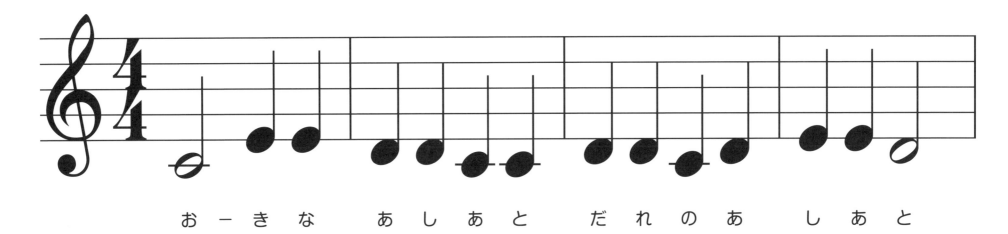

お－きな　あしあと　だれの　あ　し　あ　と

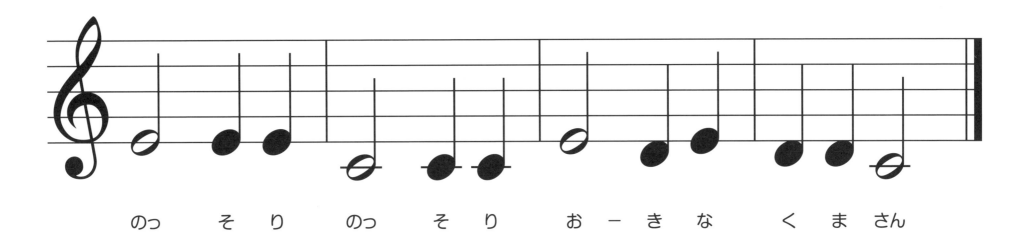

のっ　そ　り　のっ　そ　り　お－きな　く　ま　さん

レッスン4　いとまき　（うたいながらてとひざでリズムをうちましょう）

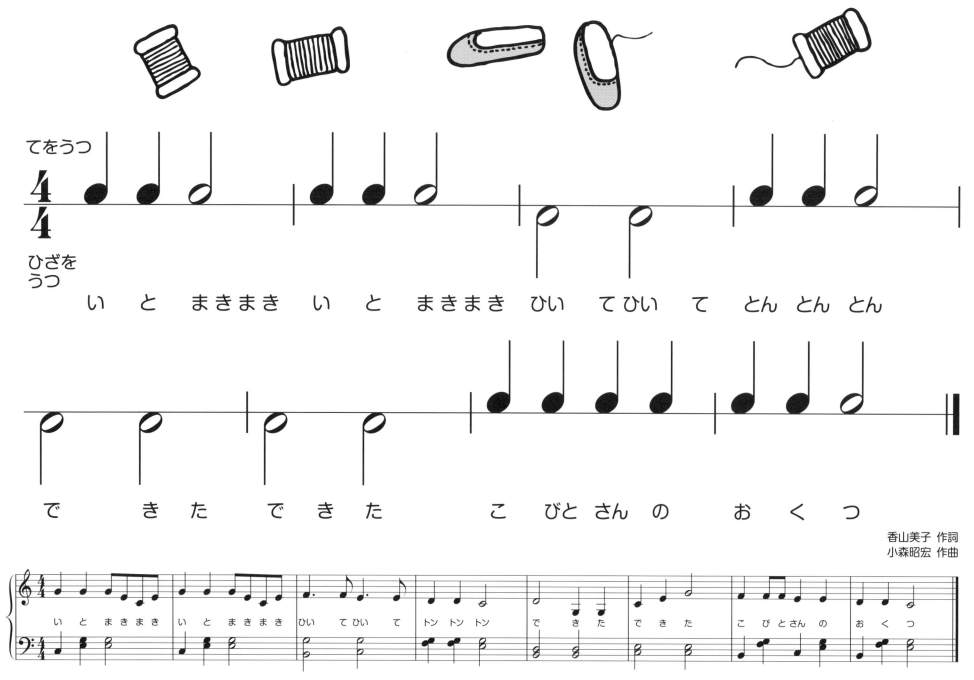

◎歌をうたいながら、手を打つ動作とひざを打つ動作を自分で理解してできるようにしましょう。

ひだりてのどのおけいこ

ひだりてのしのおけいこ

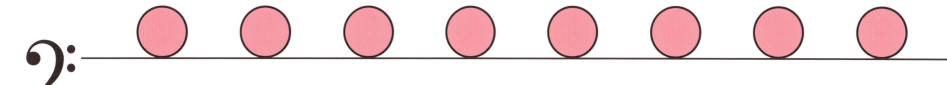

ひだりてのどとしのおけいこ

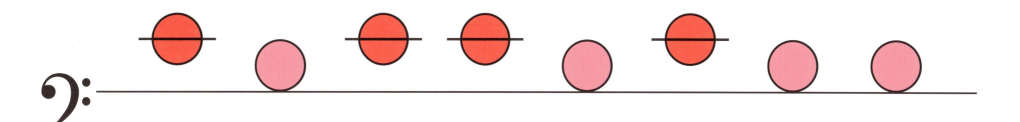

◎左手の練習に入ります。一本線ですが、右手の音と区別して最初にヘ音記号をつけています。音符を読みながら弾きましょう。

あおいうみ (ひだりて)

詞・曲 遠藤蓉子

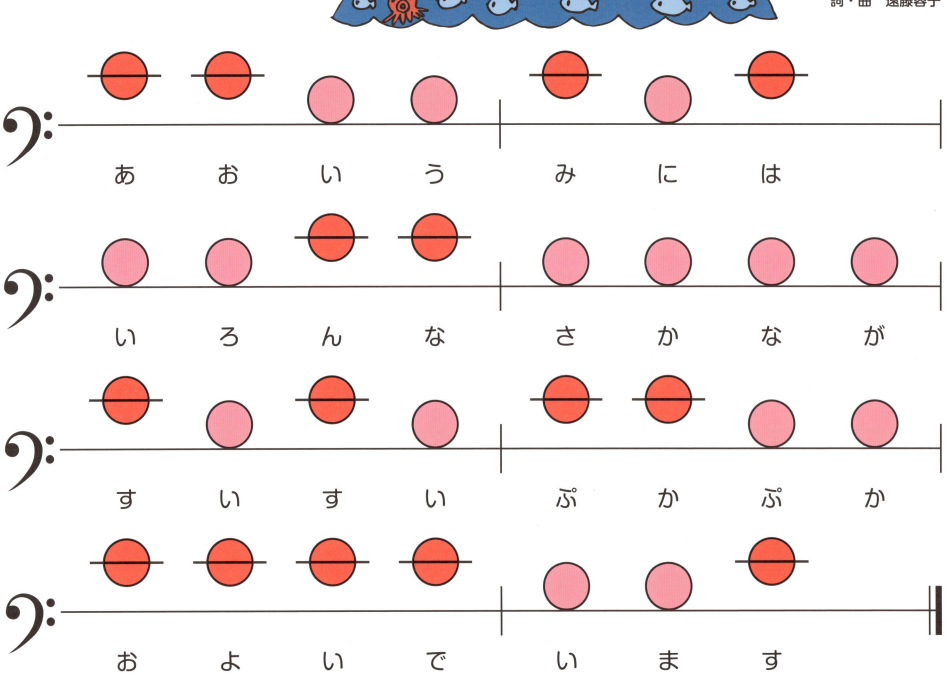

26

コアラのあかちゃん (ひだりて)

詞・曲　遠藤蓉子

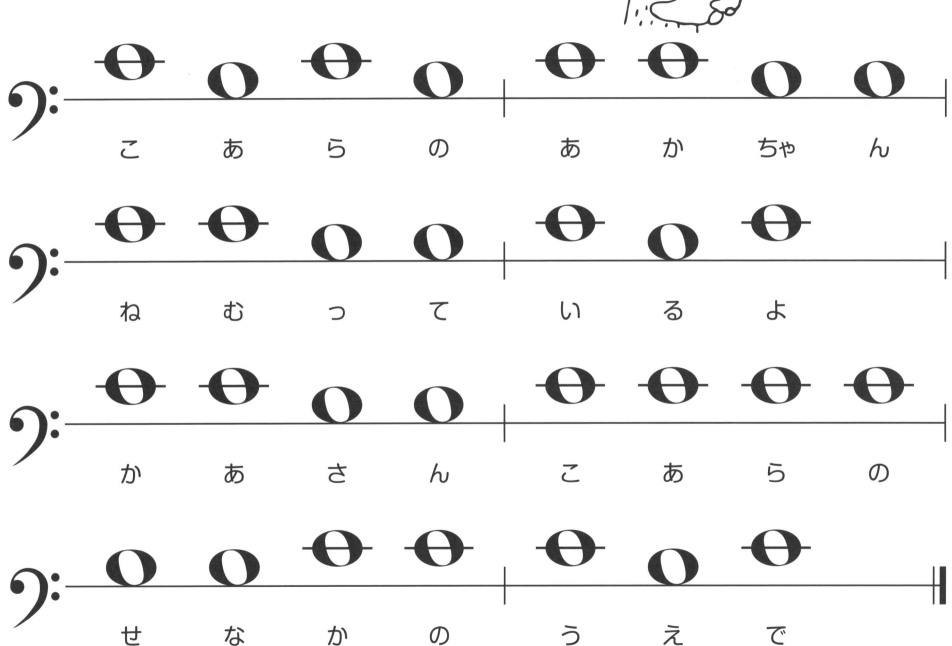

こ　あ　ら　の　　あ　か　ちゃ　ん

ね　む　っ　て　　い　る　よ

か　あ　さ　ん　　こ　あ　ら　の

せ　な　か　の　　う　え　で

オレンジジュース (みぎて)

詞・曲　遠藤蓉子

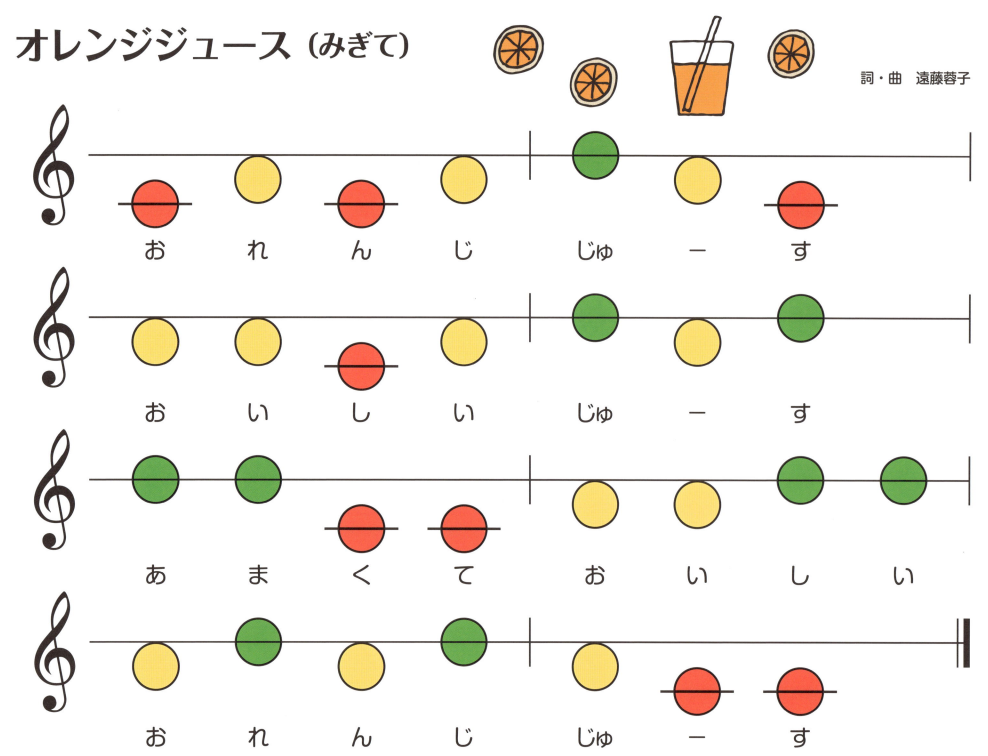

◎ここから、右手の印として最初にト音記号をつけています。

あめのおどり (ひだりて)

詞・曲　遠藤蓉子

あ	め	の	こ	び	と	が

お	ど	っ	て	い	る	よ

か	さ	の		う	え	を

よ	く	み	て	ご	ら	ん

おてがみ (みぎて)

詞・曲　遠藤蓉子

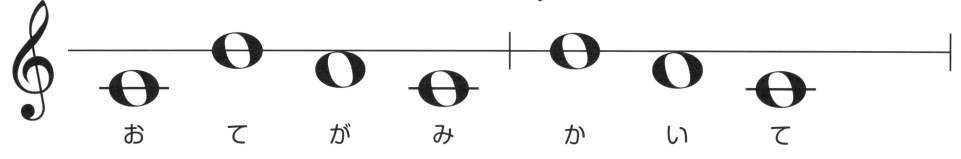

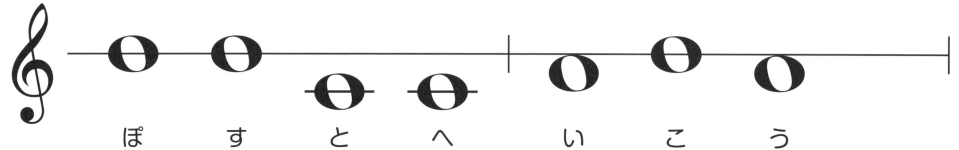

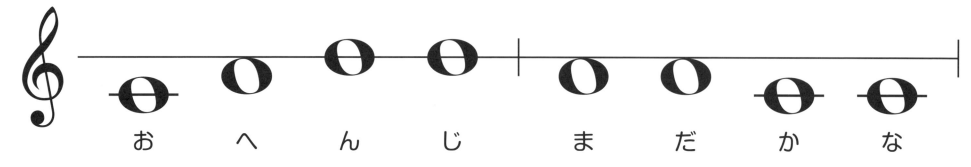

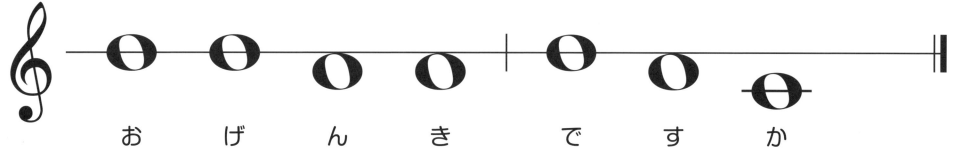

にじ (ひだりて)

詞・曲　遠藤蓉子

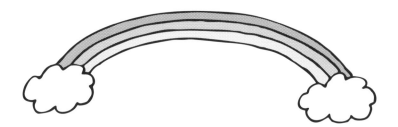
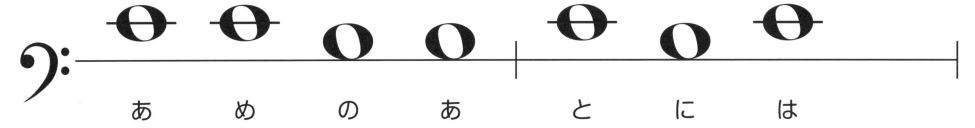

あ め の あ と に は

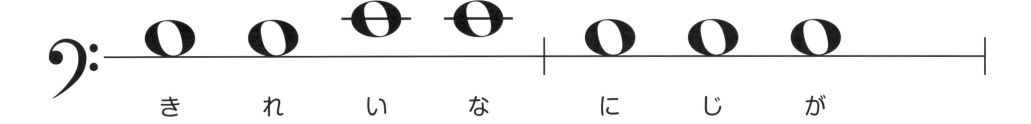

き れ い な に じ が

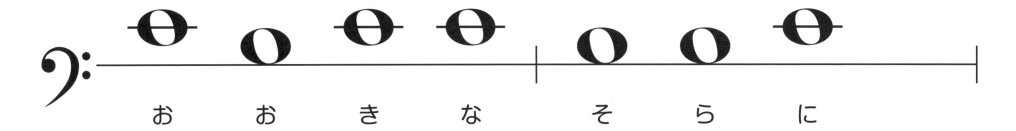

お お き な そ ら に

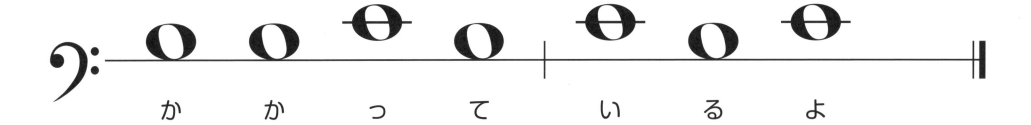

か か っ て い る よ

レッスン5　ごんべさんのあかちゃん

(うたいながらてとひざでリズムをうちましょう)

5せんのおけいこ (ひだりて)

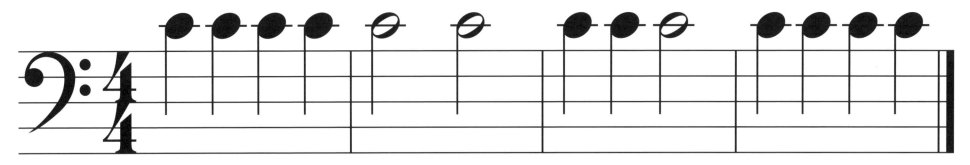
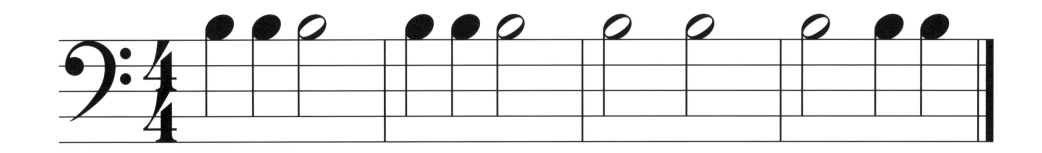
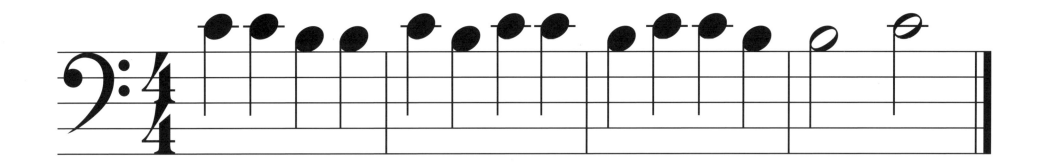

ぴよぴよゲーム

たいこのひびき (ひだりて)

詞・曲　遠藤蓉子

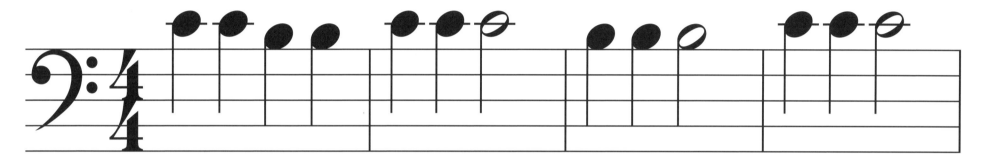

た　い　こ　の　　お　と　が　　や　ま　に　　ひ　び　く

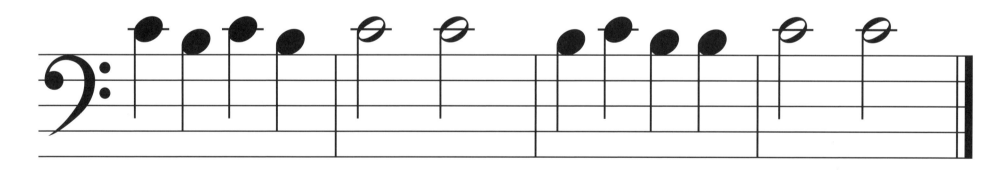

どん どん どん どん　どーん どーん　どん どん どん どん　どーん どーん

つきがでた (みぎて)

詞・曲　遠藤蓉子

つ き が　　で た よ　　ま っ く ろ な　　そ ら に

ま ー る い　　つ き で　　あ か る く　　な っ た

たからもの (ひだりて)

詞・曲　遠藤蓉子

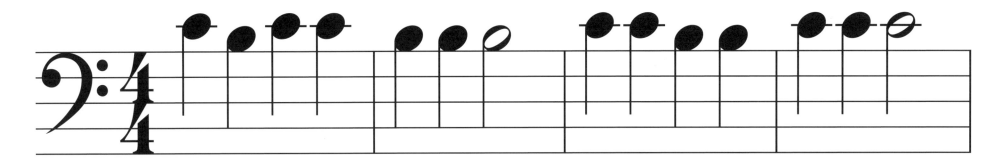

ちいさな　しろい　かいがら　ふたつ

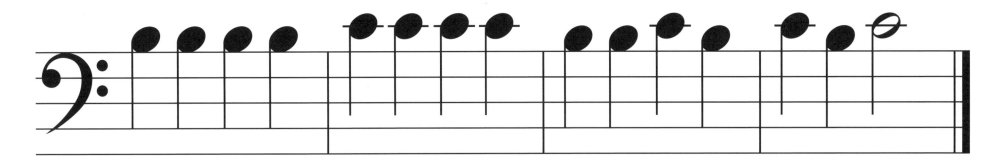

だいじな　だいじな　たからもの です

あさがお (みぎて)

詞・曲　遠藤蓉子

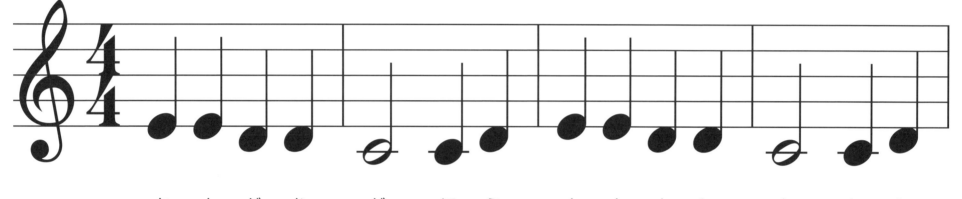

あ さ が お が ほ ら さ き ま し た ほ ら

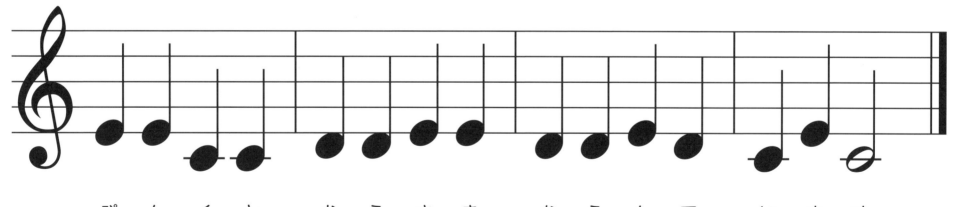

ぴ ん く と む ら さ き な ら ん で い ま す

ぽんぽこだぬき (ひだりて)

詞・曲　遠藤蓉子

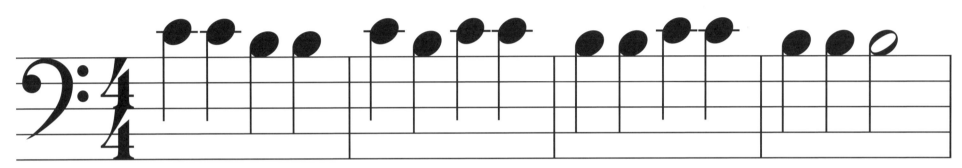

ぽんぽこ　だぬきは　つきよの　ばんに

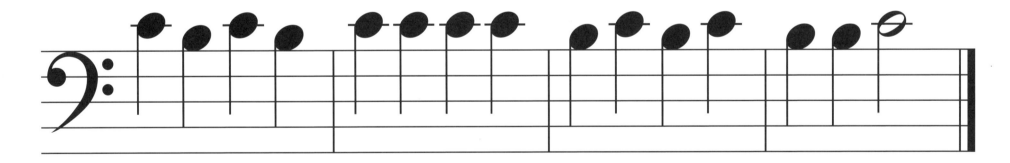

ひろばに　あつまり　みんなで　おどる

レッスン6　あかいとりことり　（うたいながらてとひざでリズムをうちましょう）

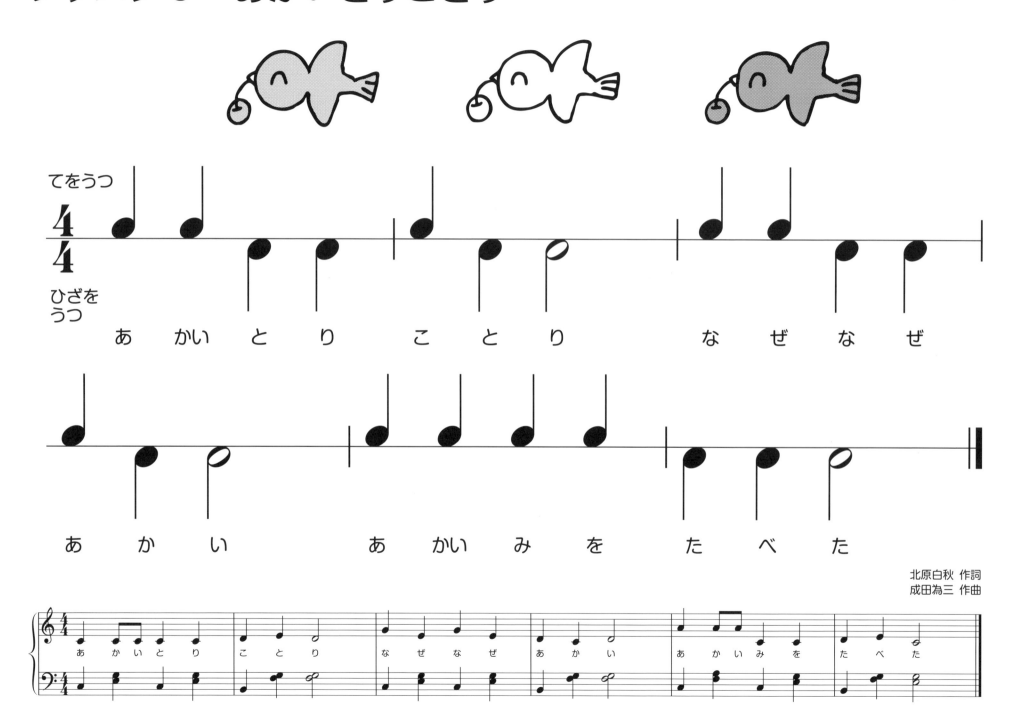

ひだりてのらのおけいこ

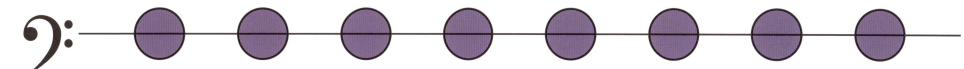

ひだりてのどしらのおけいこ

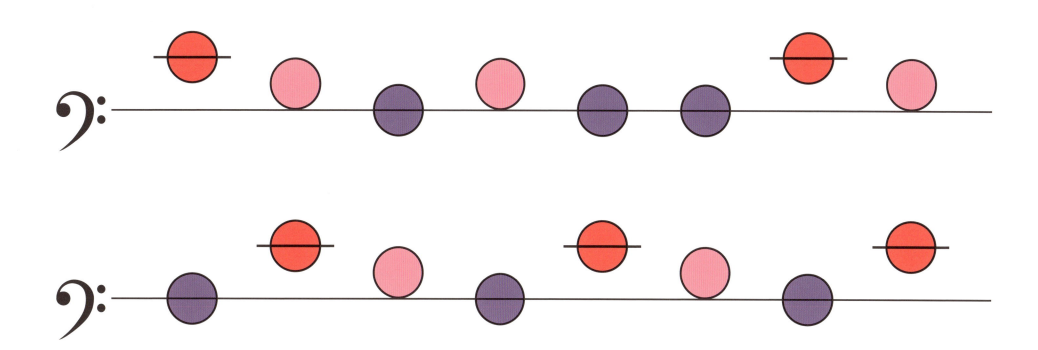

えんとつくん (ひだりて)

詞・曲　遠藤蓉子

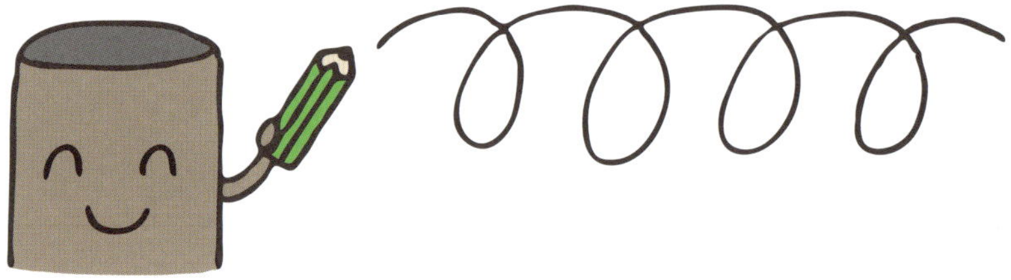

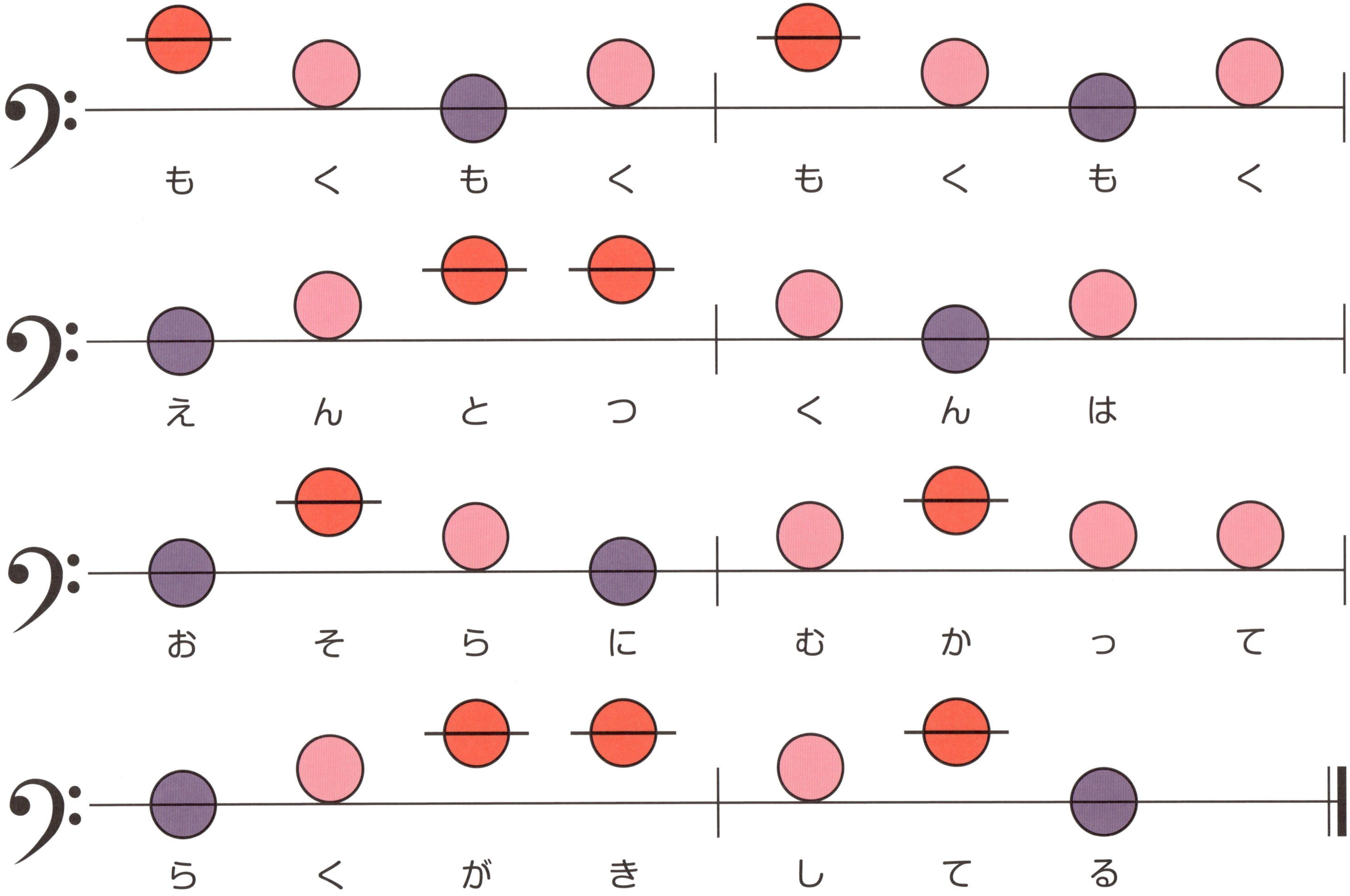

も く も く　　も く も く

えん と つ　　く ん は

お そ ら に　　む か っ て

ら く が き　　し て る

ぴよぴよゲーム

◎右手の音と左手の音が混乱しないよう、しっかり理解しましょう。

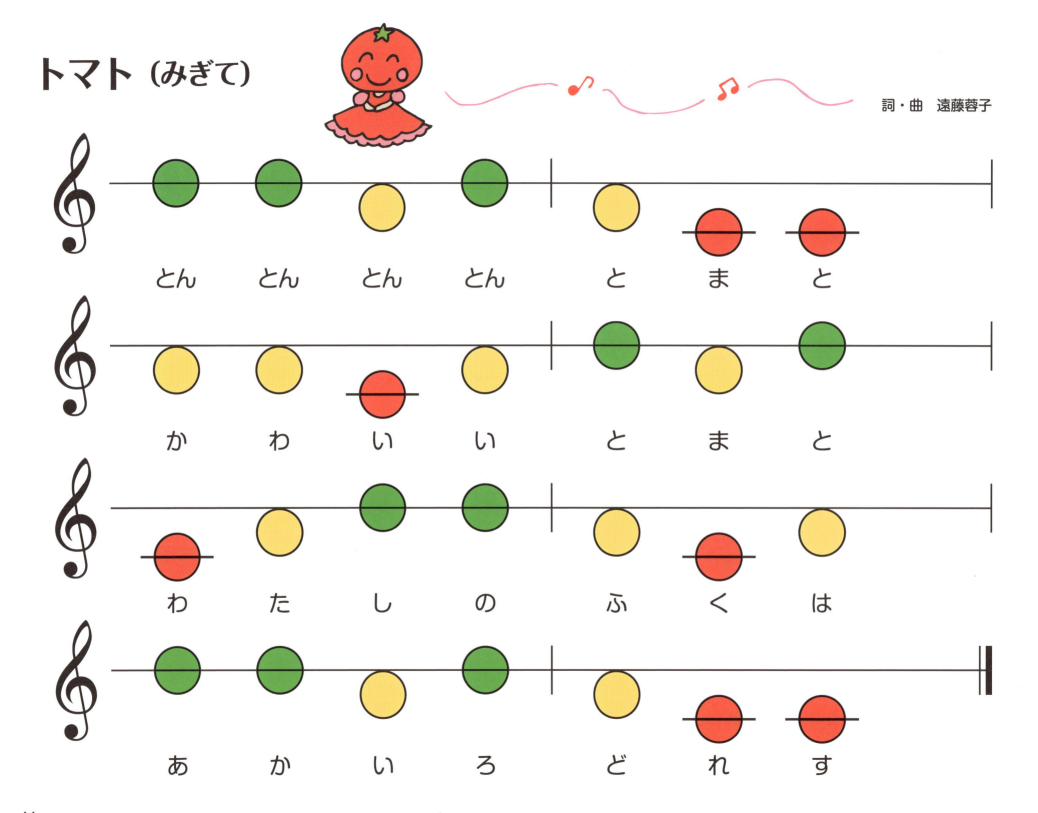

かめさん (ひだりて)

詞・曲　遠藤蓉子

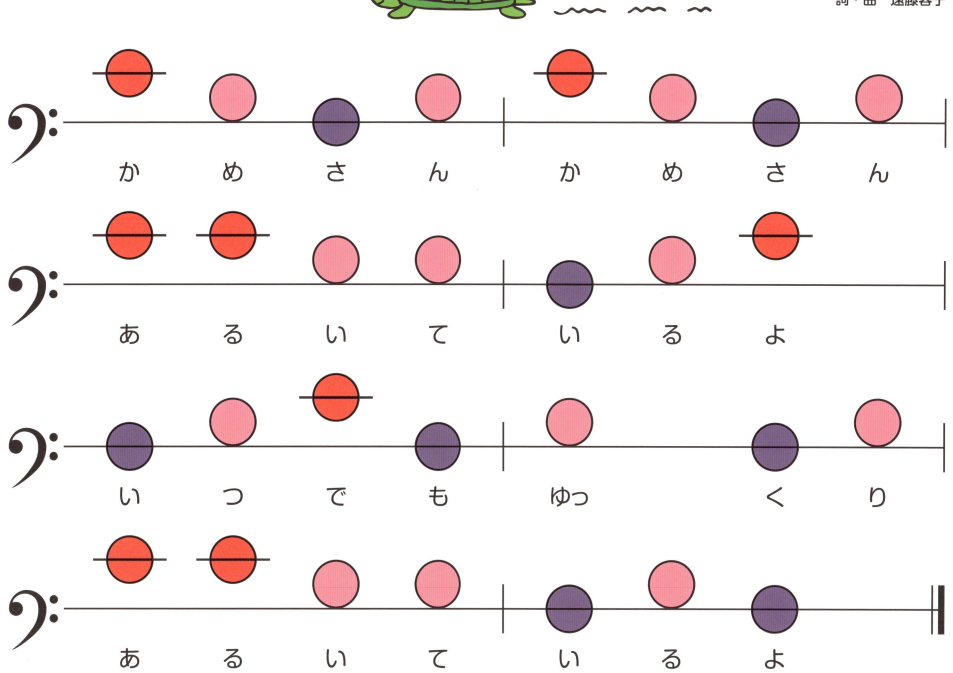

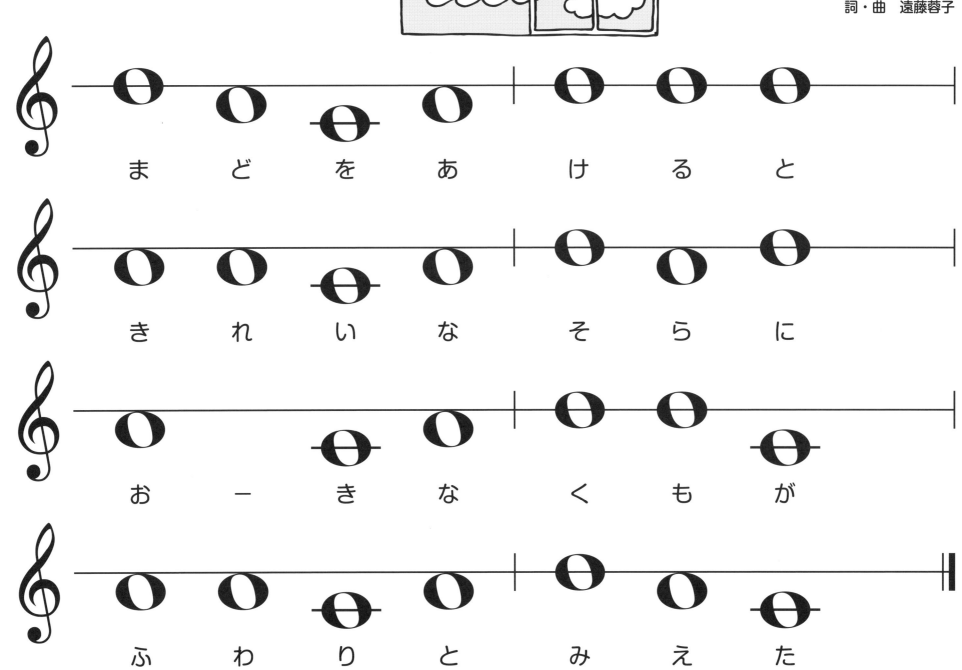

おせんべ (ひだりて)

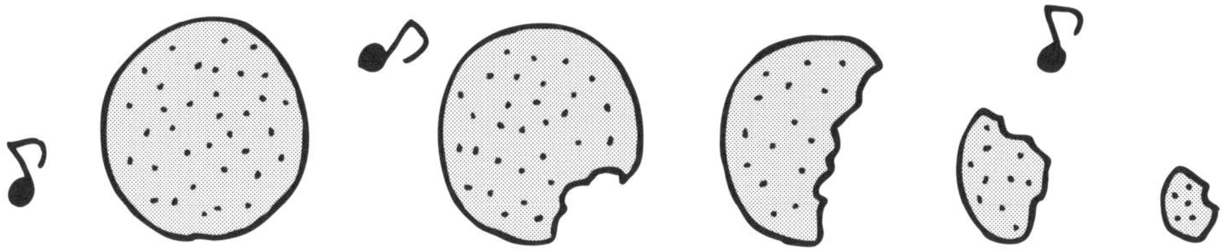

詞・曲　遠藤蓉子

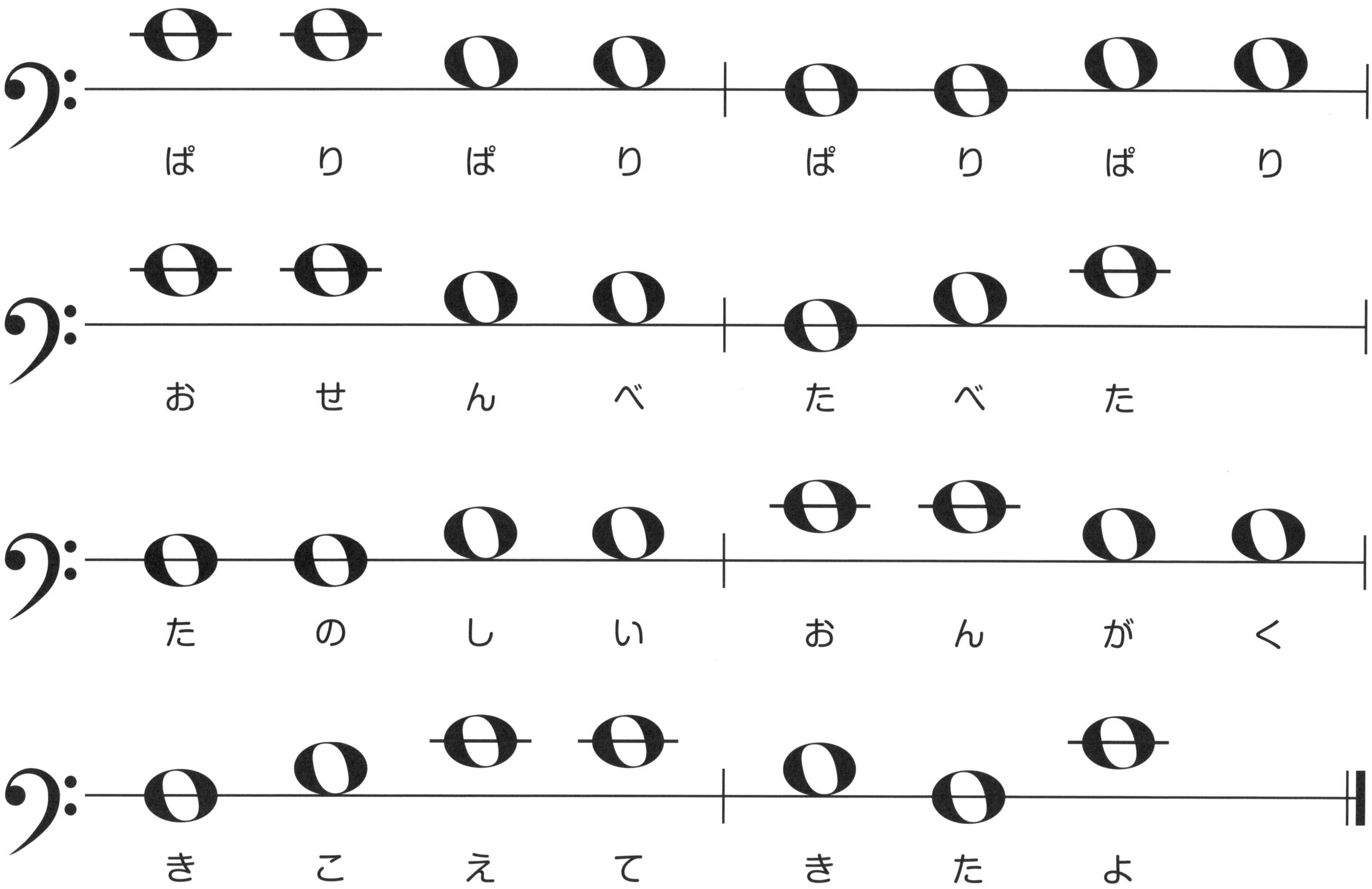

ぱり ぱり ぱり ぱり

お せん べ た べ た

た の し い おん が く

き こ え て き た よ

5せんのおけいこ (ひだりて)

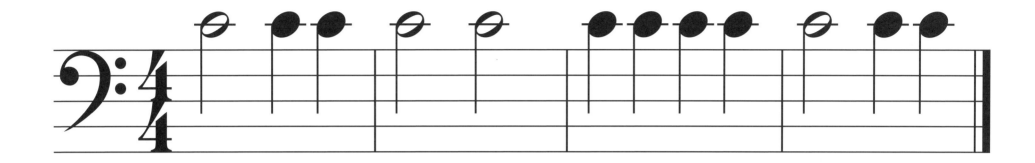

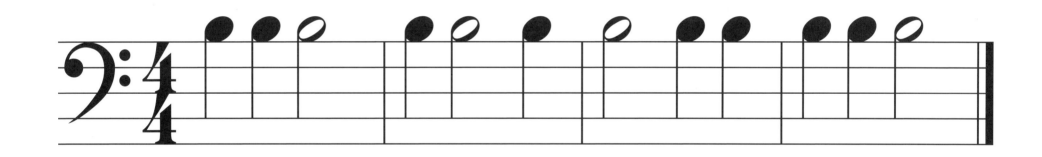

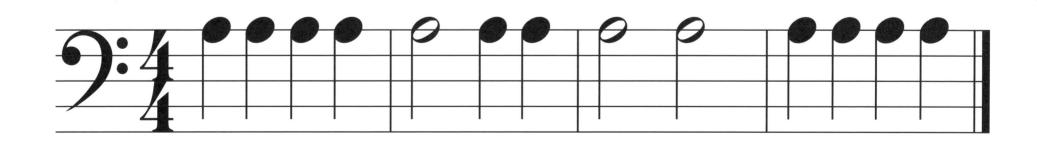

ぴよぴよゲーム

ドーナツ（ひだりて）

詞・曲 遠藤蓉子

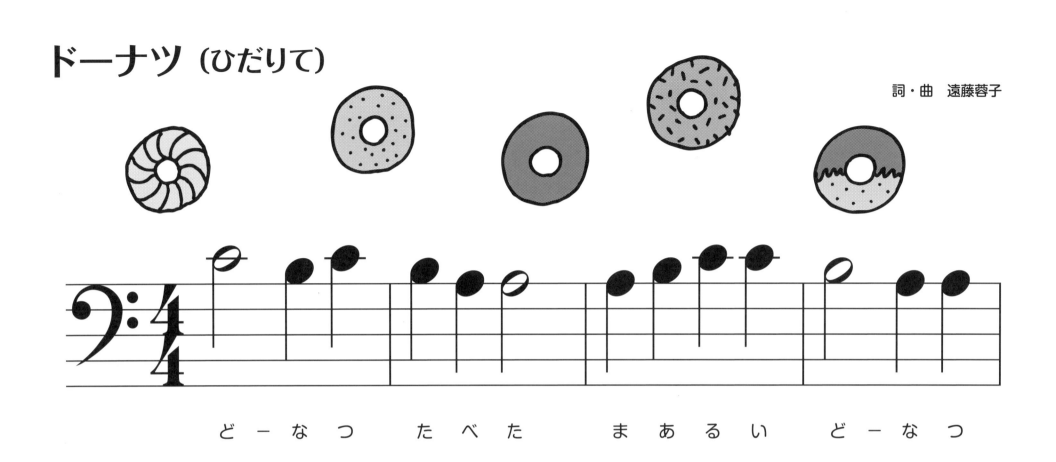

どーなつ　たべた　まあるい　どーなつ

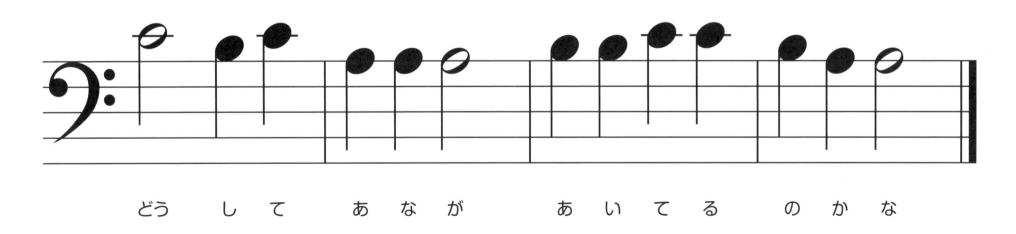

どうして　あなが　あいてる　のかな

プールへいこう (みぎて)

詞・曲　遠藤蓉子

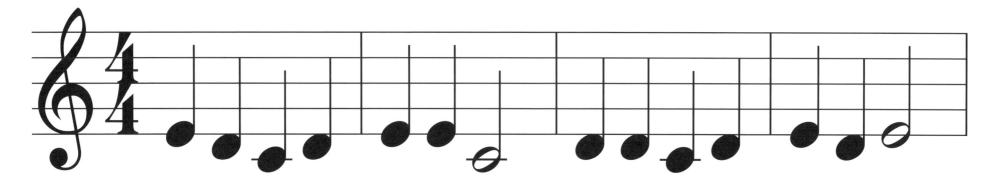

ぷ ー る へ　い こ う　　た の し い　ぷ ー る

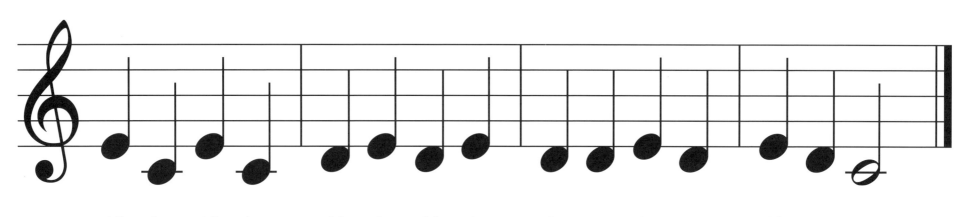

ば ちゃ ば ちゃ　ぷ か ぷ か　た の し い　ぷ ー る

すずめ （ひだりて）

詞・曲　遠藤蓉子

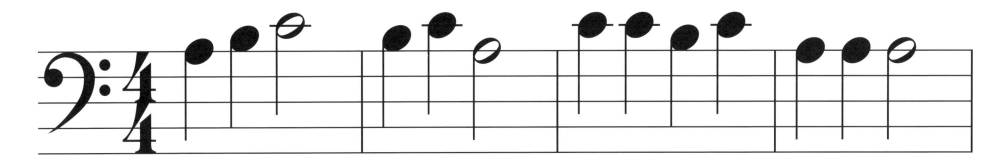

でんせんの　　うえで　　すずめが　　ちゅんちゅんちゅん

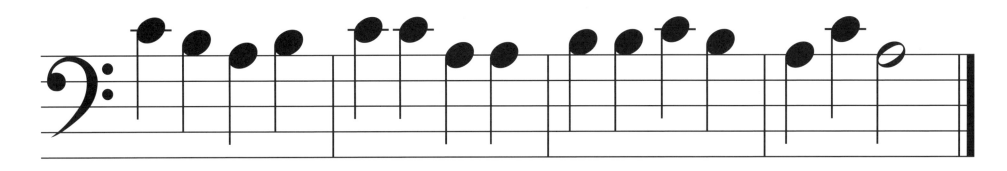

みんなで　なかよく　うたって　いるよ

こんぶ (みぎて)

詞・曲　遠藤蓉子

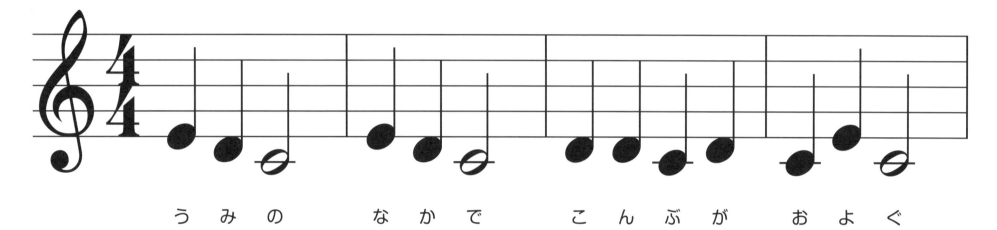

うみの　なかで　こんぶが　およぐ

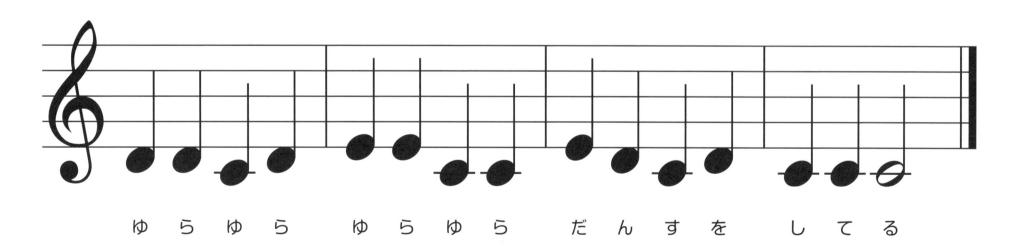

ゆらゆら　ゆらゆら　だんすを　してる

でんしゃ (ひだりて)

詞・曲　遠藤蓉子

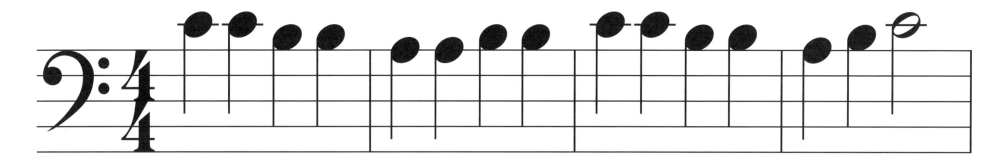

が　た　ご　と　が　た　ご　と　で　ん　しゃ　が　は　し　る

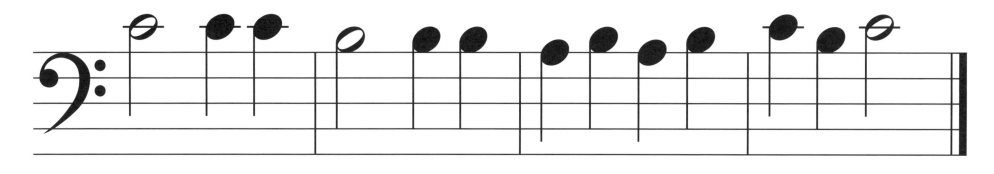

しゅっ　ぱつ　しん　こう　お　きゃ　く　を　の　せ　て

《小さい子のための総合的レッスンの道しるべ》

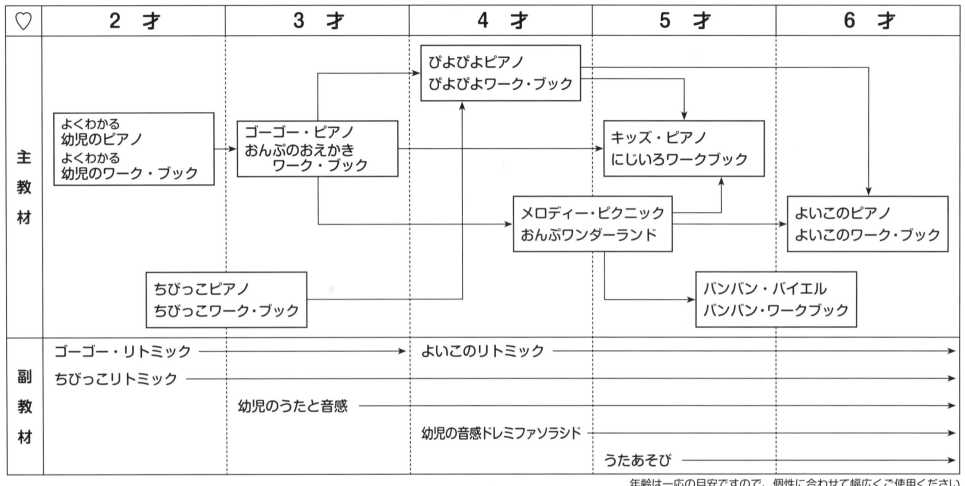

年齢は一応の目安ですので、個性に合わせて幅広くご使用ください

〈小さい子のレッスンをうまくこなすための三部作〉

「1才からのピアノ・レッスン」（21世紀の新しい音楽教室のために）
著者の経験に基づいたユニークな指導書。小さいお子様のレッスンでお困りの先生方に一筋の光を与えます。すぐに役立つレッスン・スケジュールつき。

「2才からのピアノ・レッスン」（小さい子の上手な教え方）
リズムと音感のトレーニングから小さい子の扱い方、2才から6才の教え方を具体的に説明します。便利な体験レッスン・プログラムつき。

「ピアノ・レッスン知恵袋」（テキスト選びとレッスンのヒント）
小さい子から高齢者まで年齢別に詳しく解説した指導書。レッスンの組み立てから生徒の励まし方まで楽しく早く上達する方法を提案します。

各定価 [本体1800円＋税]

遠藤蓉子ホームページ　http://yoppii.g.dgdg.jp/
【YouTube】よっぴーのお部屋　レッスンの扉
　　　　　楽しいレッスンのヒントを動画でアップロード

著　者	遠藤蓉子
ＤＴＰ	アトリエ・ベアール
発行者	鈴木祥子
発行所	株式会社サーベル社
定　価	[本体1300円＋税]
発行日	2025年6月10日

ぴよぴよピアノ ①
（ぴよぴよゲームつき）

〒130-0025　東京都墨田区千歳2-9-13
TEL 03-3846-1051　FAX 03-3846-1391
http://www.saber-inc.co.jp/

JASRACの承認に依り許諾証紙貼付免除

この著作物を権利者に無断で複写複製することは、著作権法で禁じられています。
万一、落丁・乱丁の場合は送料小社負担でお取り替えいたします。

JASRAC 出 1704174 510　ISBN978-4-88371-745-3 C0073 ¥1300E